Schreib richtig 3

Erarbeitet von   Renate Andreas
                  Heike Baligand
Illustriert von   Antje Hagemann

westermann

Vergessen?

Vergessen?

Der Wecker klingelt. Max steht auf und geht in die Küche.
Er will heute das Frühstück machen. Der Bäcker ist
gleich um die Ecke. Max steckt Geld ein und rennt los.
Beim Bäcker kauft er Brötchen, Zuckerkuchen
und Zimtschnecken. Die schmecken so lecker.
Vor der Bäckerei sieht Max einen Dackel. Der ist angebunden.
Der Dackel schaut Max an und wackelt mit dem Schwanz.
Aber wo ist sein Herrchen?

Richtig abschreiben und kontrollieren

1 Suche dir vier Sätze aus dem Text aus und schreibe sie ab.
Kontrolliere sie.

_____

_____

_____

_____

_____

_____

_____

Diese Wörter muss ich noch üben:

_____

_____

Nomen und Verben mit ck

Tipp: Verben schreibt man klein.

2 Suche die Nomen und Verben mit ck aus dem Text.
Schreibe sie auf.

Nomen mit ck: <u>Wecker,</u>_____

_____

Verben mit ck: <u>einstecken,</u>_____

_____

Nomen mit ck finden

3 Kreise die neun Nomen mit ck ein und schreibe sie auf.

T	A	N	K	E	R	W	E	C	K	E	R	M	O	N	D
H	U	N	D	A	C	K	E	L	O	B	H	E	C	K	E
B	R	Ü	C	K	E	K	A	K	T	U	S	S	T	A	U
I	G	E	L	N	I	E	G	L	O	C	K	E	O	F	T
M	J	A	C	K	E	K	E	K	S	A	X	T	A	U	S
E	L	E	F	A	N	T	M	Ü	C	K	E	N	W	E	G
B	A	C	K	E	Z	E	L	T	Z	E	C	K	E	O	B

Wecker _____   _____

_____   _____   _____

_____   _____   _____

Nomen und Verben mit ck trennen

Tipp: So trennt man Wörter mit ck: le-cken, Da-ckel.

4 Trenne die Wörter mit ck.

Zucker _Zu_ – _cker_   Schnecke _____ – _____

Bäcker _____ – _____   stricken _____ – _____

Decke _____ – _____   meckern _____ – _____

kleckern _____ – _____   schmecken _____ – _____

Wecker _____ – _____   stecken _____ – _____

4

Nomen und Verben mit ck

5 Leite die Nomen und die Verben ab.
Bilde bei den Nomen die Mehrzahl und bei den Verben die wir-Form.

der Sa? ➡ *die Säcke* ➡ *ck*

das Stü? ➡ _____ ➡ _____

der Stri? ➡ _____ ➡ _____

der Ro? ➡ _____ ➡ _____

der Bo? ➡ _____ ➡ _____

er stri?t ➡ *wir stricken* ➡ *ck*

er ba?t ➡ *wir* _____ ➡ _____

er schi?t ➡ _____ ➡ _____

sie le?t ➡ _____ ➡ _____

sie verste?t ➡ _____ ➡ _____

Tipp:
Wenn du nach einem kurzen Selbstlaut (a, e, i, o, u) ein k hörst, schreibst du **ck**.

6 Leite die Nomen und die Verben ab.

Marie ki?t den Ball ins Tor. ➡ *kickt* ➡ *kicken*

Tabea pa?t ihre Tasche. ➡ _____ ➡ _____

Marcel springt über einen Bo? ➡ _____ ➡ _____

Tobias isst ein Stü? Pizza. ➡ _____ ➡ _____

Lea entde?t einen Fehler. ➡ _____ ➡ _____

Wörter mit ck nach dem ABC ordnen

7 Schreibe die Nomen und Verben nach dem ABC auf.

A a
B b
C c
D d
E e
F f
G g
H h
I i
J j
K k
L l
M m
N n
O o
P p
Qu qu
R r
S s
T t
U u
V v
W w
X x
Y y
Z z

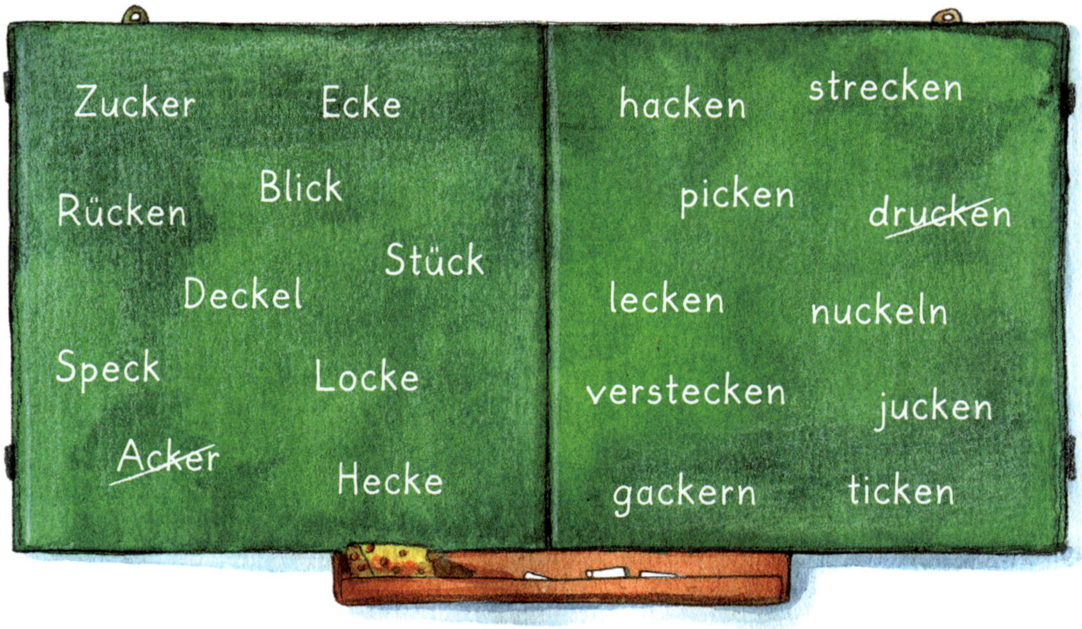

Zucker   Ecke   hacken   strecken

Rücken   Blick   picken   drucken

Deckel   Stück   lecken   nuckeln

Speck   Locke   verstecken   jucken

Acker   Hecke   gackern   ticken

Nomen mit ck	Verben mit ck
Acker	drucken

Meine Lernwörter

8 Suche dir vier Wörter aus, die für dich schwierig sind.
Schreibe jedes Wort fünfmal untereinander auf.

Nomen und Satzanfänge großschreiben

9 Schreibe die Sätze richtig auf.
Unterstreiche die Wörter in deinem Text,
die für dich schwierig sind.

der wecker klingelt. max steht auf und geht in die küche. er will heute
das frühstück machen. der bäcker ist gleich um die ecke. max steckt
geld ein und rennt los. beim bäcker kauft er brötchen, zuckerkuchen
und zimtschnecken.

Der Wecker klingelt. Max

Die Schatzsuche

Die Schatzsuche

Tim hat Geburtstag. Am Nachmittag kommen vier Jungen und zwei Mädchen aus seiner Klasse. Die Kinder essen Muffins und trinken Milchshake. Dann suchen sie einen Schatz. Papa hat ihn versteckt. Auf der Suche müssen sie viele Aufgaben lösen. Wie heißt die Straße an der Post? Welche Hausnummer hat der Bäcker? Zum Schluss bekommen die Kinder noch einen Tipp.
Aber der ist in Geheimschrift:

ztahcS tgeil
retnih med afoS

Richtig abschreiben und kontrollieren

1 Suche dir vier Sätze aus dem Text aus und schreibe sie ab.
Kontrolliere sie.

_____

_____

_____

_____

_____

Diese Wörter muss ich noch üben:

_____

_____

Wörter bestehen aus Silben

2 Suche die sechs Nomen mit drei Silben aus dem Text.
Schreibe sie auf.

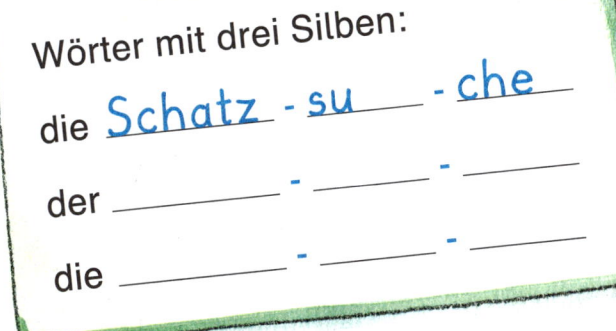

Wörter mit drei Silben:

die Schatz - su - che

der _____ - _____ - _____

die _____ - _____ - _____

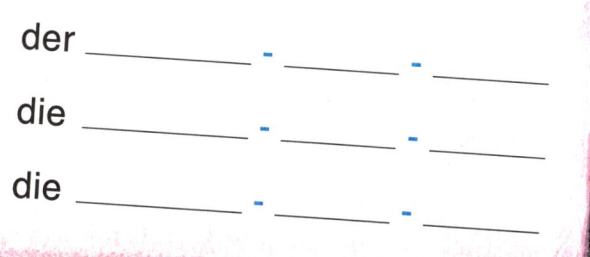

der _____ - _____ - _____

die _____ - _____ - _____

die _____ - _____ - _____

Wörter mit d, g und b am Wortende

3 Leite die Wörter ab.
Bilde von den Nomen die Mehrzahl.
Setze die Verben in die wir-Form.

Tipp: Wenn du die Wörter verlängerst, hörst du die Buchstaben gut.

er schrei?t ➡ *wir schreiben* ➡ b_____

das Klei? ➡ *die Kleider* ➡ d_____

er sprin?t ➡ _____ ➡ _____

das Lie? ➡ _____ ➡ _____

sie glau?t ➡ _____ ➡ _____

der Rin? ➡ _____ ➡ _____

4 Setze die fehlenden Buchstaben ein.

Der Geburtsta*g*__

Tim und seine Gäste machen einen Ausflu___ zur Bur___.

Sie fahren mit dem Zu___. Der Zu___ fährt durch einen großen Wal___.

Die Bur___ lie___t auf einem Ber___. Der We___ hinauf ist steil.

Er führt an einem Abhan___ entlang. Auf der Bur___ suchen sie den

Rin___ des Köni___s. Der Rin___ soll Zauberkräfte haben, wenn man

ihn auf den Finger schie___t. Luisa glau___t die Geschichte nicht.

Wörter aus dem Bereich Essen und Trinken

5 Schreibe auf, was die Kinder gern essen und trinken.

Ketchup   Muffins   Milchshakes

Spaghetti   Hamburger   Döner

Was wollen die Kinder auf dem Geburtstag essen?

Marie isst am liebsten Hamburger _____ .

Tim mag _____ sehr gern.

Das Lieblingsessen von Mira sind _____

Kemal trinkt für sein Leben gern _____ .

Dennis isst am liebsten _____ .

6 Schreibe die passenden Nomen auf.

Zahlwörter von 1–10

7   Schreibe die Zahlwörter auf.

drei _____   _____

_____   _____

_____   _____

_____   _____

_____   _____

8   Setze die Zahlwörter ein.

Sieben Kinder sind in Tims Zimmer.

Vier _____ Jungen bauen eine Burg.

_____ Mädchen und ein Junge spielen mit _____ Flugzeugen.

Der Junge hat die Nummer _____ auf seinem T-Shirt.

Auf dem Fußboden liegen _____ Verkehrsschilder und _____ Flugzeuge.

Auf dem Regal stehen _____ Bücher und _____ Gläser.

An der Wand hängen _____ Postkarten und _____ Bilder.

Meine Lernwörter

9 Suche dir vier Wörter aus, die für dich schwierig sind.
Schreibe jedes Wort fünfmal untereinander.

10 Schreibe mit deinen Lernwörtern fünf Sätze.

Das neue Fahrrad

Das neue Fahrrad

Mehmet bekommt von seinem Onkel ein neues Fahrrad geschenkt.
Es ist ein Rennrad mit 14 Gängen. Am nächsten Tag trifft er sich mit
seinem Freund Sascha. Sie setzen ihre Fahrradhelme auf und fahren
los. Das neue Fahrrad ist toll. Mehmet fährt sehr schnell. Sie fahren
den Weg zum Wald hinauf. Mehmet sieht den Sand auf dem Weg nicht.
Er rutscht und stürzt. Am Bein hat er eine Wunde, sie blutet.
Sascha rennt zu Mehmet und hilft ihm.

Richtig abschreiben und kontrollieren

1 Suche dir vier Sätze aus dem Text aus und schreibe sie ab. Kontrolliere sie.

_____

_____

_____

_____

_____

_____

Diese Wörter muss ich noch üben:

_____

_____

Fehler finden

2 Finde die Fehler in den Sätzen. Schreibe die Wörter richtig auf.

Mehmet bekomt ein neues Fahrrad.   bekommt _____

Es ist ein Rennrat.   _____

Mehmet trift sich mit seinem Freund.   _____

Mehmet sieht sand auf dem Weg.   _____

Er schaltet einen Gank hinunter.   _____

Wortfamilie fahr

3 Bilde Wörter mit dem Wortstamm **fahr**.
Schreibe die Wörter auf.

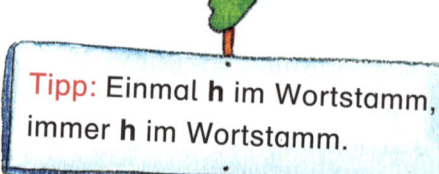

Tipp: Einmal **h** im Wortstamm, immer **h** im Wortstamm.

Fahrstuhl

Ausfahrt

_____

_____

_____

_____

_____

_____

_____

_____

4 Unterstreiche den Wortstamm **fahr**.

Die Klasse 3b macht eine <u>Fahr</u>radtour. Sie starten an der Schule und benutzen den Fahrradweg. Alle Kinder fahren hintereinander. Hinter der Fahrschule müssen sie die Fahrbahn überqueren. Die Autos haben Vorfahrt. Die Kinder warten, bis die Fahrbahn frei ist. Jetzt können sie losfahren.

5 Ergänze die fehlenden Buchstaben.

anfahren   Vorfahrt
Ausfahrt   ~~Fahrkarte~~

losfahren   befahren   Busfahrer

Fahrplan   überfahren   Fahrzeug

Fahr k a r t e

fahr

fahr

Fahr

fahr

fahr

fahr

fahr

Fahr

fahr

6 Setze die passenden Wörter aus der Wortfamilie **fahr** ein.

Bevor man in den Bus einsteigt, muss man eine _____

kaufen. Auf dem _____ stehen die Abfahrtszeiten.

Ein Junge möchte sein _____ mitnehmen.

Vor der Haltestelle muss der Bus langsam _____ .

Wenn alle Türen zu sind, kann der Bus _____ .

Wörter nach dem ABC ordnen

7 Schreibe die Nomen und Verben nach dem ABC auf.

A a
B b
C c
D d
E e
F f
G g
H h
I i
J j
K k
L l
M m
N n
O o
P p
Qu qu
R r
S s
T t
U u
V v
W w
X x
Y y
Z z

Vorfahrt
Ausfahrt   befahren   fahren
Fahrer   Busfahrer   ~~abfahren~~
Fahrkarte   losfahren
           ~~Abfahrt~~
                       vorfahren
Autofahrt   umfahren
           mitfahren
Heimfahrt   anfahren

Nomen	Verben
Abfahrt	_abfahren_

Meine Lernwörter

8 Suche dir vier Wörter aus, die für dich schwierig sind.
Schreibe jedes Wort fünfmal untereinander.

Nomen und Satzanfänge großschreiben

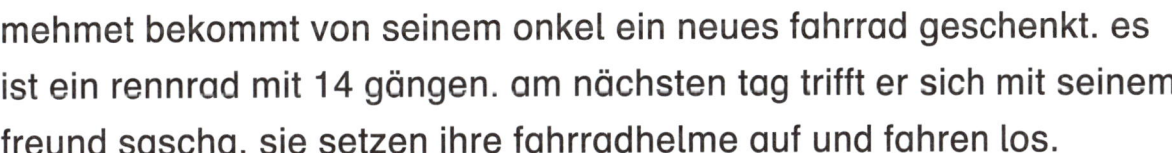

9 Schreibe die Sätze richtig auf.
Unterstreiche die Wörter in deinem Text,
die für dich schwierig sind.

mehmet bekommt von seinem onkel ein neues fahrrad geschenkt. es
ist ein rennrad mit 14 gängen. am nächsten tag trifft er sich mit seinem
freund sascha. sie setzen ihre fahrradhelme auf und fahren los.

<u>Mehmet bekommt</u>

Das Fußballspiel

Das Fußballspiel

Jedes Jahr auf dem Sportfest gibt es ein Fußballturnier zwischen den dritten Klassen. Es spielen Jungen und Mädchen mit. In meiner Klasse gibt es zwei Mädchen, die im Sturm spielen. Im Tor steht Anna, denn sie hält sehr gut. Das Spiel ist am Anfang ausgeglichen.
Zur Pause steht es 0:0. Unser Sportlehrer will den Angriff stärken.
Er setzt nach der Pause noch einen Stürmer ein. Aber der Gegner ist stark. Das Spiel bleibt unentschieden.

Richtig abschreiben und kontrollieren

1 Suche dir vier Sätze aus dem Text aus und schreibe sie ab.
Kontrolliere sie.

_____

_____

_____

_____

_____

_____

Diese Wörter muss ich noch üben:

_____

_____

Verben verändern sich

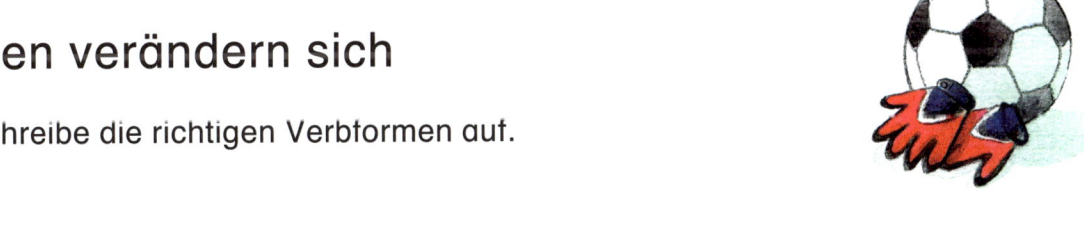

2 Schreibe die richtigen Verbformen auf.

Grundform	ich	du	ihr
spielen	ich spiele	du spielst	ihr spielt
laufen	_____	_____	_____
fallen	_____	_____	_____
schießen	_____	_____	_____
gewinnen	_____	_____	_____
verlieren	_____	_____	_____

Wörter mit Sp/sp und St/st

Tipp: Wenn du am Wortanfang schp hörst, schreibst du sp, hörst du scht, schreibst du st

3 Unterstreiche alle Wörter mit **Sp/sp** blau, alle Wörter mit **St/st** rot .

Das <u>Fußballspiel</u>

Jedes Jahr auf dem Sportfest gibt es ein Fußballturnier zwischen den

dritten Klassen. Es spielen Jungen und Mädchen mit. In meiner Klasse

gibt es zwei Mädchen, die im <u>Sturm</u> spielen. Im Tor steht Anna,

sie hält sehr gut. Das Spiel ist am Anfang ausgeglichen.

Zur Pause steht es 0:0. Unser Sportlehrer will den Angriff stärken.

Er setzt nach der Pause noch einen Stürmer ein. Aber der Gegner ist

stark. Das Spiel bleibt unentschieden.

4 Schreibe die Wörter aus Aufgabe 3 auf.

Wörter mit St/st	Wörter mit Sp/sp
Sturm	Fußballspiel

Nomen und Verben mit Sp/sp und St/st

5 Setze Sp oder St ein.
Schreibe die Nomen mit Sp und St auf.

___inat   ___all   ___iefel

___uhl   ___echt   ___unde

___ein   ___argel

___aghetti   ___ern

___iegel   ___iel   ___inne

Nomen mit Sp: _Spinat,_ _____

_____

_____

Nomen mit St: _Sturm,_ _____

_____

_____

6 Bilde die richtige Personalform der Verben.
Setze sie ein.

In der Pause _spielt_ (spielen) die 3. Klasse Fußball. Sven _____

(stehen) im Tor. Er ist der Größte aus der Klasse und _____

(strecken) sich nach jedem Ball. Die Schüler _____ (sprinten) über

den Rasen. Jasmin _____ (stürmen) auf das Tor zu. Plötzlich

rennt Olaf los und _____ (stoßen) Jasmin um. Das ist ein Foul.

Jasmin bekommt einen Freistoß. Als der Ball ins Tor fliegt, _____

(springen) sie vor Freude in die Luft.

Die Wortbausteine auf, ver und mit

Tipp: Verben mit Wortbausteine werden zusammengeschrieben

7 Bilde Verben mit den Wortbausteinen.
Schreibe die Verben auf.

rechnen   setzen   sprechen   sagen   schreiben   spielen

fahren   nehmen   laufen   fahren   teilen   schneiden

gehen   stehen

auf	ver	mit
aufnehmen	verlaufen	mitteilen

Meine Lernwörter

8 Suche dir vier Wörter aus, die für dich schwierig sind.
Schreibe jedes Wort fünfmal untereinander.

9 Schreibe mit deinen Lernwörtern vier Sätze.

Keine Angst?

Keine Angst?

Dennis war allein zu Hause. Seine Eltern feierten bei Freunden einen Geburtstag. Das war kein Problem für Dennis. Die Freunde wohnten am anderen Ende der Straße und für den Notfall hatte Dennis ein Handy. Zuerst wollten seine Eltern ihn mitnehmen. Aber Dennis sagte: „Ich habe keine Angst." Vater meinte: „Rufe einfach an, wenn du ein Problem hast." Dennis machte seine Hausaufgaben und guckte dann eine Sendung über Boote im Fernsehen. Danach ging er ins Bett. Ein bisschen Angst hatte er schon. Er legte das Handy neben sein Kissen und schlief ein.

Richtig abschreiben und kontrollieren

1 Suche dir vier Sätze aus dem Text aus und schreibe sie ab.
Kontrolliere sie.

_____

_____

_____

_____

_____

_____

Diese Wörter muss ich noch üben:

_____

_____

Nomen und Verben ableiten

2 Leite die Wörter ab.
Bilde von den Nomen die Mehrzahl. Setze die Verben in die wir-Form.

der Geburtsta?	➡	die Geburtstage	➡	g _____
er sa?t	➡	wir _____	➡	_____
der Freun?	➡	die _____	➡	_____
sie le?t	➡	_____	➡	_____
die Sendun?	➡	_____	➡	_____
er lie?t	➡	_____	➡	_____

Die Zeichen der wörtlichen Rede

Tipp:
Nach einem Doppelpunkt schreibt man groß.

3 Setze die Zeichen der wörtlichen Rede ein.

: „ "

Mama sagt ▢ „ Wir sind heute eingeladen. ▢

Dennis fragt ▢ „ Seid ihr lange weg? ▢

Papa meint ▢ „ Es könnte spät werden. ▢

Dennis fragt ▢ „ Wo seid ihr eingeladen? ▢

Mama antwortet ▢ „ Bei Müllers in der Rosenstraße. ▢

Dennis erwidert ▢ „ Das ist kein Problem. ▢

Wörtliche Rede in Sprechblasen

4 Schreibe die wörtliche Rede aus Aufgabe 3 in die richtigen Sprechblasen.

Wir sind heute eingeladen.

28

Zeichen der wörtlichen Rede einsetzen

5 Schreibe das Gespräch mit den Zeichen der wörtlichen Rede auf.
Setze auch die richtigen Satzzeichen ein.

> Hallo Dennis, hier ist Robert.

> Hallo Robert, was gibt es?

> Kannst du mir in Mathe helfen?

> Ich kann es versuchen.

> Ich verstehe die Textaufgabe nicht.

> Du musst zuerst die Stunden in Minuten umrechnen. Dann addierst du.

> Danke, ich probiere es.

Dennis guckt eine Sendung über Boote. Das Telefon klingelt.

Dennis nimmt den Hörer ab und meldet sich.

Robert sagt : „_____

Dennis antwortet _____

Robert fragt _____

Dennis meint _____

Robert klagt _____

Dennis erwidert _____

_____

Robert sagt _____

29

Wörter mit doppeltem Selbstlaut aa, ee, oo

Tipp: Wörter mit **aa**, **ee** und **oo** musst du dir merken.

Tee
Boot
Seerose
Zoo
Beet
Kaffee
Moor
Moos
Idee
Aal
Saal
Haar
Erdbeeren
Fee
Paar

6 Schreibe die Wörter mit **aa**, **ee** und **oo** auf.

aa _____

ee _____

_____

oo _____

7 Schreibe die passenden Nomen auf.

30

Meine Lernwörter

8 Suche dir vier Wörter aus, die für dich schwierig sind.
Schreibe jedes Wort fünfmal untereinander auf.

Nomen und Satzanfänge großschreiben

9 Schreibe die Sätze richtig auf.
Unterstreiche die Wörter in deinem Text, die für dich schwierig sind.

dennis war allein zu hause. seine eltern feierten bei freunden einen
geburtstag. das war kein problem für dennis. die freunde wohnten am
anderen ende der straße und für den notfall hatte dennis ein handy.

Sachunterricht

Sachunterricht

Heute geht unsere Klasse in den Computerraum. Zuerst sollen wir den Computer einschalten. Auf dem Bildschirm erscheinen verschiedene Zeichen. Unsere Lehrerin erklärt uns, welches Zeichen wir mit der Maus anklicken sollen. Nun sind wir im Internet. Wir suchen Informationen zu unserem Lieblingstier. Dazu müssen wir den Tiernamen eingeben. Anna kennt sich schon gut mit der Tastatur aus. Sie gibt das Wort Hamster ein. Wir klicken den Link Lebensweise der Hamster an. Mit dem Drucker drucken wir die Seite aus.

Richtig abschreiben und kontrollieren

1 Suche dir vier Sätze aus dem Text aus und schreibe sie ab. Kontrolliere sie.

_____

_____

_____

_____

_____

Diese Wörter muss ich noch üben:

_____

_____

Wörter aus dem Bereich Computer

2 Kreise die sechs Wörter aus dem Bereich Computer ein und schreibe sie auf.

Tastatur		Mail		Drucker		Internet
	Computer				Homepage	

C	O	M	P	U	T	E	R	B	D	R	U	C	K	E	R
I	N	T	A	S	T	A	T	U	R	N	B	A	U	M	D
K	R	O	S	E	H	O	M	E	P	A	G	E	B	O	P
M	A	I	L	G	U	T	I	N	T	E	R	N	E	T	H

Computer _____

Wörter aus dem Bereich Computer

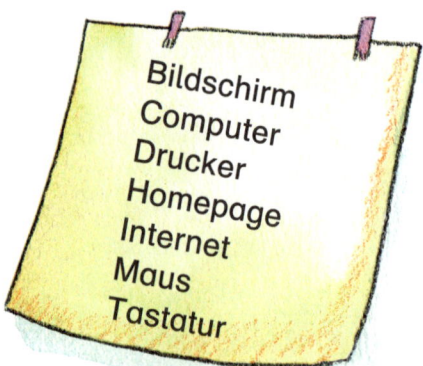

Bildschirm
Computer
Drucker
Homepage
Internet
Maus
Tastatur

3 Setze die Zeichen der wörtlichen Rede und die Nomen aus dem Bereich Computer ein.

Anja kommt nach der Schule begeistert nach Hause.

Ihre kleine Schwester Kira fragt   Was hast du heute

in der Schule gemacht?   Anja antwortet   Wir haben mit

dem Computer gearbeitet und waren sogar im

I_____ . Dort haben wir uns die H_____

der Schule angeschaut. Wir haben eine Mail an unsere Partnerschule

geschrieben.   Kira fragt   Wie habt ihr das gemacht?

Anja erklärt   Die T_____ sieht aus wie eine

Schreibmaschine. Du kannst auf dem B_____ sehen,

was du gerade geschrieben hast. Mit dem Drucker kann man

die Seite dann ausdrucken.   Kira fragt   Woher weiß der

D_____ , was er drucken soll?   Anja sagt

   Das machst du mit der M_____ .   Kira ruft

entsetzt   Mit der M_____ ?

Wörter bestehen aus Silben

4 Setze die Silben zu Wörtern zusammen.
Schreibe die Wörter auf.

Tastatur _____   _____   _____

_____   _____   _____

Fehler finden

5 Finde die Fehler in den Sätzen.
Schreibe die Wörter richtig auf.

Alle Kinder wolen in den Computerraum.   wollen _____

Die Kinder setzen sich vor den Komputer.   _____

Zuerst schalten sie den Biltschirm ein.   _____

Sie tippen einen Text auf der tastatur.   _____

Paula geht ins Intärnet.   _____

Mit dem Druker druckt sie eine Seite aus.   _____

ihm und im unterscheiden

Tipp:
ihm – du fragst: wem?
im – du fragst: wo oder wann?

6 Setze **ihm** oder **im** ein.

Er gibt **ihm** ein Buch.

Sie ist **im Haus.**

Unsere Klasse ist __im__ Computerraum.

Mein Nachbar hat Probleme. Ich helfe _____ .

Ich gebe _____ einen Tipp.

_____ Sommer hat Paul Geburtstag.

Ich gebe _____ sein Geschenk.

Nachmittags sind wir _____ Schwimmbad.

ihn und in unterscheiden

Tipp:
ihn – du fragst: wen?
in – du fragst: wo?

7 Setze **ihn** oder **in** ein.

Sie ruft **ihn** an.

Der Hund sitzt **in** der Hütte.

Mein Bruder hat sich __in__ der Stadt verlaufen.

Wir mussten _____ suchen.

Wir haben _____ am Kiosk gefunden.

Mama ist _____ einem Computerladen.

Sie ruft Papa an. Sie will _____ etwas fragen.

Papa nimmt nicht ab. Er ist _____ einer Besprechung.

Meine Lernwörter

8 Suche dir vier Wörter aus, die für dich schwierig sind.
Schreibe jedes Wort fünfmal untereinander auf.

9 Schreibe mit deinen Lernwörtern fünf Sätze.

Die Entscheidung

Die Entscheidung

Am Ende der dritten Klasse wollen wir eine Abschlussfahrt machen.
Unser Klassenlehrer Herr Kramer schlägt uns zwei Möglichkeiten vor:
Reiten auf dem Ponyhof oder ein Forschertag in einem Steinbruch.
Alle Kinder schreien durcheinander. Viele Mädchen entscheiden sich
für den Ponyhof. Aber dazu haben die meisten Jungen keine Lust.
Herr Kramer sagt: „Ihr müsst eure Wahl begründen." Da meldet sich
Marvin und meint: „Im Steinbruch kann man Versteinerungen finden."
Paul nennt einen anderen Grund: „Ich habe eine Allergie gegen Pferde.
Das ist eine Krankheit."
Die Klasse führt eine Abstimmung durch.
Die Mehrheit ist für den Steinbruch.

Richtig abschreiben und kontrollieren

1 Suche dir vier Sätze aus dem Text aus und schreibe sie ab.
Kontrolliere sie.

_____

_____

_____

_____

_____

_____

Diese Wörter muss ich noch üben:

_____

_____

Nomen mit ung und keit

2 Suche die Nomen mit **ung** und **keit** im Text.
Schreibe sie auf.

Nomen mit ung: _____

_____

Nomen mit keit: _____

_____

Nomen mit ung, heit und keit

3 Bilde Nomen.
Verwende dazu die Wortbausteine **ung**, **heit** und **keit**.

Tipp: Wörter mit den Bausteinen **ung**, **heit** un **keit** am Wortende sind Nomen.

ung	heit	keit
die Abstimmung	die Gesundheit	die Ähnlichkeit
_____	_____	_____
_____	_____	_____
_____	_____	_____

dunkel
gesund
meinen
entdecken
ähnlich
abstimmen
freundlich
traurig
frei
dumm
entscheiden
einsam

4 Bilde zu diesen Wörtern die passenden Nomen.
Verwende die Wortbausteine **ung**, **heit** und **keit**.

gesund – die Gesundheit   vorstellen – _____

senden – die _____   krank – _____

spannend – _____   gleich – _____

hell – _____   übel – _____

flüssig – _____   verfolgen – _____

wahr – _____

Tipp: **heit** und **keit** hängst du an Adjektive.

5 Setze die passenden Nomen mit **ung**, **heit** und **keit** in den Text ein.

Die Klasse 3a hat ihre _____ (entscheiden) getroffen.

Die _____ (mehr) ist für den Steinbruch. Jedes Kind

musste eine _____ (begründen) für seine Wahl geben.

Nun beginnt die _____ (planen). Herr Kramer bemerkt:

„Jeder ist für seine _____ (verpflegen) verantwortlich."

Darauf fragt Elvira: „Dürfen wir auch _____ (süß) mit-

nehmen?" Marvin träumt von einer _____ (versteinern).

Regeln anwenden

6 Schreibe die richtigen Wörter auf.
Kreuze an, welche Regel dir dabei hilft.

Forschertag Forschertach	_Forschertag_	☒ Mehrzahlbildung ☐ Nomen erkennen ☐ wir-Form bilden
ponyhof Ponyhof	_____	☐ Mehrzahlbildung ☐ Nomen erkennen ☐ wir-Form bilden
schlägt schläkt	_____	☐ Mehrzahlbildung ☐ Nomen erkennen ☐ wir-Form bilden
Pfert Pferd	_____	☐ Mehrzahlbildung ☐ Nomen erkennen ☐ wir-Form bilden
sakt sagt	_____	☐ Mehrzahlbildung ☐ Nomen erkennen ☐ wir-Form bilden

Adjektive mit ig und lich

Oh, der Weg sieht gefährlich aus.

Der sieht noch gefährlicher aus.

Schau mal. Der Stein ist riesig.

Der da drüben ist noch riesiger.

7 Leite die Adjektive ab. Bilde die Vergleichsstufe.

ärger? ➡ noch ärgerlicher ➡ lich

ängst? ➡ noch _____ ➡ _____

herr? ➡ _____ ➡ _____

glück? ➡ _____ ➡ _____

mut? ➡ noch mutiger ➡ ig

kräft? ➡ _____ ➡ _____

traur? ➡ _____ ➡ _____

gift? ➡ _____ ➡ _____

Tipp: Wenn du die Adjektive verlängerst, hörst du das Wortende gut.

8 Setze **ig** und **lich** ein.

Der Ausflug

Der Bus kommt pünkt_____. Die Schüler steigen fröh_____ ein.

Während der Fahrt sind alle Schüler lust_____. Nach einer Stunde

sind sie glück_____ am Ziel. Herr Kramer wartet, bis alle Schüler

ruh_____ sind. Freundl_____ sagt er: „Denkt daran, der Weg ist

gefähr_____. Ihr müsst vorsicht_____ sein."

Meine Lernwörter

9 Suche dir vier Wörter aus, die für dich schwierig sind.
Schreibe jedes Wort fünfmal untereinander auf.

Nomen und Satzanfänge großschreiben

10 Schreibe die Sätze richtig auf.
Unterstreiche im Text die Wörter, die für dich schwierig sind.

am ende der dritten klasse wollen wir eine abschlussfahrt machen.
unser klassenlehrer herr kramer schlägt uns zwei möglichkeiten vor:
reiten auf dem ponyhof oder ein forschertag in einem steinbruch.
alle kinder schreien durcheinander.

Vergessen?

Der Wecker klingelt. Max steht auf und geht in die Küche. Er will heute Frühstück machen. Der Bäcker ist gleich um die Ecke. Max steckt Geld ein und rennt los. Beim Bäcker kauft er Brötchen, Zuckerkuchen und Zimtschnecken. Die schmecken so lecker. Vor der Bäckerei sieht Max einen Dackel. Der ist angebunden. Der Dackel schaut Max an und wackelt mit dem Schwanz. Aber wo ist sein Herrchen?

1 Unterstreiche alle Nomen blau. Es sind _____ Nomen.

2 Schreibe die richtigen Wörter auf.
Kreuze an, welche Regel dir dabei hilft.

Fleck Flek	_____	☐ Mehrzahlbildung ☐ Nomen erkennen ☐ wir-Form bilden
Dackel dackel	_____	☐ Mehrzahlbildung ☐ Nomen erkennen ☐ wir-Form bilden
wekt weckt	_____	☐ Mehrzahlbildung ☐ Nomen erkennen ☐ wir-Form bilden
Stock Stok	_____	☐ Mehrzahlbildung ☐ Nomen erkennen ☐ wir-Form bilden
leckt lekt	_____	☐ Mehrzahlbildung ☐ Nomen erkennen ☐ wir-Form bilden
bäcker Bäcker	_____	☐ Mehrzahlbildung ☐ Nomen erkennen ☐ wir-Form bilden

3 Setze Nomen mit **aa**, **ee** oder **oo** ein.

Dennis und Robert fahren an einen _____.

Dennis sagt: „ Ich habe letzte Woche einen _____

gefangen." Robert antwortet: „Mein Onkel hat mich auch schon

mal auf seinem _____ zum Angeln mitgenommen.

Damit sind wir auf das große _____ gefahren."

Dennis erzählt: „Meine Familie mag die Berge lieber.

Im Winter liegt dort viel _____ und man kann tolle

_____ bauen.

Wenn wir im Gasthaus eine Pause machen, trinken Mama

und Papa _____ und ich bestelle _____."

4 Löse das Rätsel
und verbinde die Bilder mit dem zugehörigen Wort.

5 Ergänze die fehlenden Wortteile.

Wortanfänge

be
an
be   Vor
Aus   Auto
los

Wortendungen

en   rad   t
bar   t
karte
en
en
t   er

__ __ fahr __ __   __ __ __ fahr __   Fahr __ __ __

__ __ fahr __ __   __ __ __ fahr __ __   Fahr __ __ __ __ __

Fahr __ __   __ __ __ fahr __   __ __ __ __ fahr __

6 Ergänze den fehlenden Wortstamm **Fahr/fahr**.

Der Bus_____er startet zu einer Ausflugs_____t.

Sein Bei_____er liest die Straßenkarte.

Bei der Autobahnauf_____t muss der Bus_____er die

Vor_____t beachten.

Auf der Autobahn _____t der Bus auf der rechten _____bahn.

Es ist schwer, so ein großes _____zeug sicher zu _____en.

7 Schreibe das Gespräch mit den richtigen Redezeichen auf.

Dein Tipp in Mathe war wirklich toll.

Das habe ich doch gesagt.
Die Aufgabe war leicht.

Wollen wir heute eine Radtour machen?

Das geht nicht.
Mein Vorderrad hat einen Platten.

Kannst du das nicht reparieren?

So was habe ich noch nie gemacht.

Ich weiß, wie es geht.
Wir machen es zusammen.

Robert und Dennis treffen sich auf dem Schulhof.

Robert sagt begeistert _____

_____. Dennis antwortet

_____

_____. Robert fragt _____

_____? Dennis antwortet

_____

_____. Robert fragt _____

_____? Leise flüstert Dennis

_____.

Robert erwidert stolz _____

_____.

8 Setze die fehlenden Buchstaben d, b oder g ein.
Leite die Wörter ab.

Abenteuer im Wald (→ Wälder)

Mit meinem Freun__ (→ _____) mache ich einen

Ausflu__ (→ _____) zum Stran__ (→ _____).

Zuerst gehen wir über ein Fel__ (→ _____), dann kommen

wir durch einen Wal__ (→ _____). Am Wegran__

(→ _____) sehen wir eine Ausgrabun__

(→ _____). Sie ist mit einem roten Ban__ (→ _____)

abgesperrt. Ob man hier einen wichtigen Fun__ (→ _____)

gemacht hat? Wir gehen weiter und entdecken Werkzeu__

(→ _____) hinter einem Baum. Hat es hier einen Rau__

(→ _____) gegeben? Wir müssen leider weiter. Am Stran__

(→ _____) treffen wir meine Eltern. Wir erzählen von

unserer Entdeckun__ (→ _____). Vater lacht uns aus

und sagt: „Welcher Die__ (→ _____) gräbt ein Loch im Wal__

(→ _____) und lässt sein Werkzeu__ (→ _____)

zurück?"

9 Bilde Verben mit den Wortbausteinen **ab**, **aus** und **ein**.
Schreibe die Verben auf.

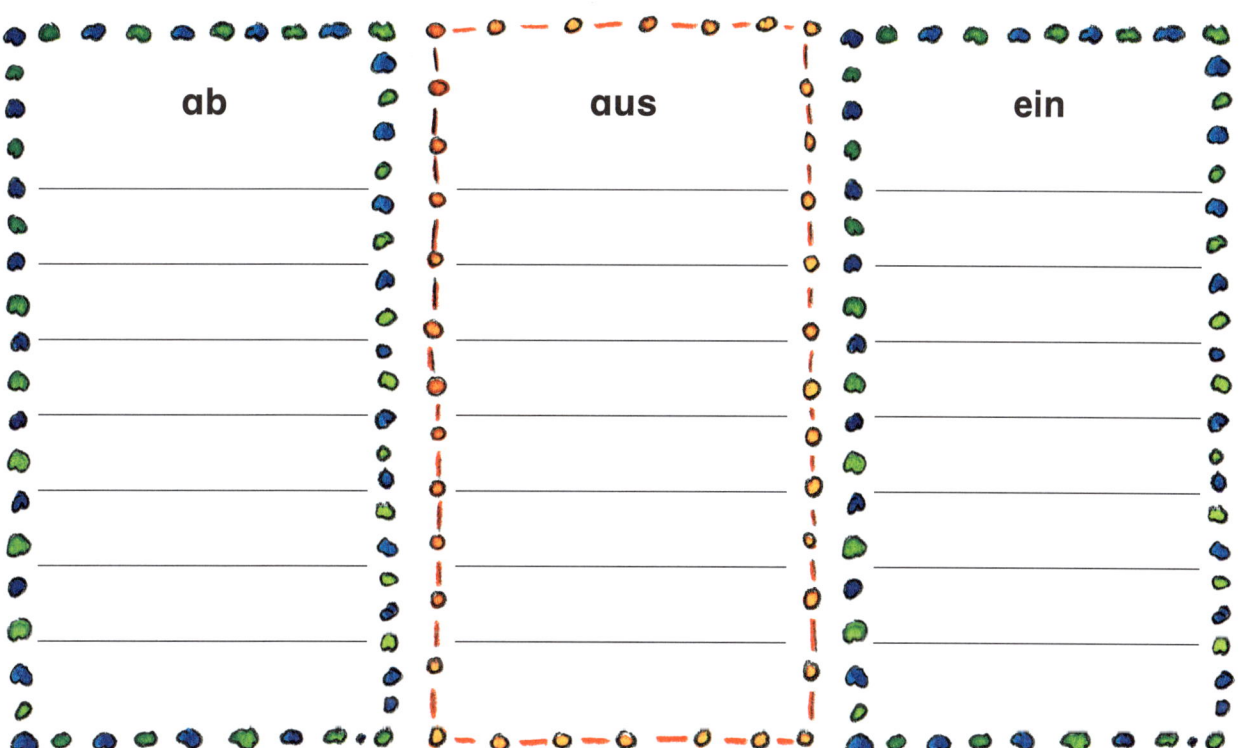

fallen   räumen   schließen   hängen   stellen   gehen

rufen   holen   fragen   geben

ab	aus	ein
_____	_____	_____
_____	_____	_____
_____	_____	_____
_____	_____	_____
_____	_____	_____
_____	_____	_____

10 Setze passende Verben aus Aufgabe 9 ein.

Nach dem Frühstück muss Hassan den Tisch _____.

Petra muss ihre neue Uhr _____.

Diese Tür darfst du nicht _____.

Der Sportlehrer muss die Spielerliste _____.

Mutter muss das Geschirr in den Schrank _____.

10 Schreibe die richtigen Wörter auf.
Kreuze an, welche Regel dir dabei hilft.

Computer computer	_____	☐ Mehrzahlbildung ☐ Nomen erkennen ☐ wir-Form bilden
drukt druckt	_____	☐ Mehrzahlbildung ☐ Nomen erkennen ☐ wir-Form bilden
Eintrak Eintrag	_____	☐ Mehrzahlbildung ☐ Nomen erkennen ☐ wir-Form bilden
Freund Freunt	_____	☐ Mehrzahlbildung ☐ Nomen erkennen ☐ wir-Form bilden
klickt klikt	_____	☐ Mehrzahlbildung ☐ Nomen erkennen ☐ wir-Form bilden
Krankheit krankheit	_____	☐ Mehrzahlbildung ☐ Nomen erkennen ☐ wir-Form bilden
sol soll	_____	☐ Mehrzahlbildung ☐ Nomen erkennen ☐ wir-Form bilden
Verband Verbant	_____	☐ Mehrzahlbildung ☐ Nomen erkennen ☐ wir-Form bilden
must musst	_____	☐ Mehrzahlbildung ☐ Nomen erkennen ☐ wir-Form bilden

11 Findest du die falsch geschriebenen Wörter?
Streiche sie durch und schreibe die Wörter richtig auf die Linien.

Im Landheim

Die Klasse 3b f~~ärt~~ mit dem Bus ins Landheim. **1** *fährt* _____

Das Haus likt an einem Se. **2** _____

Vor dem Haus schteht ein herrlicher Baum. **1** _____

Die Kinder schpringen fröhlich aus dem Bus. **1** _____

Die zimmerverteilung geht ohne Probleme. **1** _____

Jeder träkt seinen koffer ins Zimmer. **2** _____

Danach wollen alle die umgebung erkunden. **1** _____

Die Schüler schtellen sich parweise auf. **2** _____

_____

Frau Hase geht vor und bleipt bei einem Schild stehen. **1** _____

Auf dem schild siht man einen Plan . **2** _____

Die Kinder wollen in Lesen. **2** _____

So kommen sie zum Se. **1** _____

Dort faren sie mit dem Bot. **2** _____

Um fünv geht es zurük. **2** _____

Zum Abendbrot gipt es Pomes mit Salat. **2** _____

Konzeption

Die Arbeitsheft-Reihe **Schreib richtig** orientiert sich an den nationalen Bildungsstandards für den Primarbereich (Beschluss der KMK vom 15.10.2004) und fokussiert den Kompetenzbereich Schreiben im Hinblick auf grundlegende Rechtschreibstrategien. Strategievermittlung ist ein Anliegen der Arbeitshefte, wobei individuelles Lernen im Vordergrund steht.

Aus angebotenen Abschreibtexten eines jeden Kapitels wählen die Kinder selbstständig ihrem Niveau entsprechend Sätze aus, die sie abschreiben und überprüfen. Darüber erlernen sie richtiges Abschreiben und selbstständiges Kontrollieren. Nebenbei wird ihnen innerhalb der Kapitel Raum gegeben, ihre persönlich als schwierig empfundenen, weil fehlerhaften Wörter zu notieren und zu üben.

Jedes Kapitel besteht aus sechs Seiten. Auf der ersten Doppelseite steht das Abschreiben und Kontrollieren im Vordergrund. Nachfolgend entdecken und bearbeiten sie Rechtschreibphänomene und werden schließlich aufgefordert, ihre persönlichen Lernwörter strukturiert sowie spielerisch zu üben. Einzelne „ABC-Seiten" bahnen den Umgang mit dem Wörterbuch an. Entsprechende Symbole neben den Aufgaben fordern die Schülerinnen und Schüler dazu auf, ihre Arbeit an den einzelnen Aufgaben zu reflektieren und selbst einzuschätzen.